Impressum
Verlag: BABADADA GmbH, Nedderfeld 112 , 22529 Hamburg
Geschäftsführer / Verlagsleitung: Harald Hof
Druck: Books on Demand GmbH, In de Tarpen 42, 22848 Norderstedt

Imprint
Publisher: BABADADA GmbH, Nedderfeld 112 , 22529 Hamburg, Germany
Managing Director / Publishing direction: Harald Hof
Print: Books on Demand GmbH, In de Tarpen 42, 22848 Norderstedt, Germany

skola

ښوونځی

klassrum
ټولګی
dividera
تقسیم
186/2
tavla
بورډ
lärare
ښوونکی
skolgård
papper
ورق
skriva
لیکل
penna
قلم
skrivbord
ډیسک
linjal
خط کش
bok
کتاب
elev
زده کونکی

skolväska

کڅوړه

pennfodral

د پنسل بکسه

blyertspenna

پنسل

pennvässare

پنسل تراش

suddgummi

ربړ

ritblock

د رسامۍ پاڼه

teckning
....
رسامي

pensel
....
د نقاشۍ برس

målarlåda
....
د نقاشۍ بکس

sax
....
قيچي

lim
....
سریښ

övningsbok
....
د تمرين كتاب

hemläxa
....
کورنۍ دنده

tal
....
شمير

addera
....
جمع

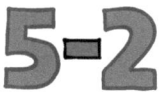

subtrahera
....
منفي

multiplicera
....
ضرب

räkna
....
حساب

bokstav
....
توری

alfabet
....
الفبا

ord
....
کلمه

text

....

متن

läsa

....

لوستل

krita

....

تباشیر

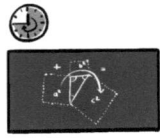

lektion

....

درس

register

....

راجستر

prov

....

ازموینه

intyg

....

تصدیق پاڼه

skoluniform

....

د ښوونځي یونیفارم

utbildning

....

تعلیم

uppslagsverk

....

دایره المعارف

universitet

....

پوهنتون

mikroskop

....

مایکروسکوپ

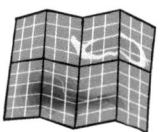

karta

....

نقشه

papperskorg

....

اشغالدانی

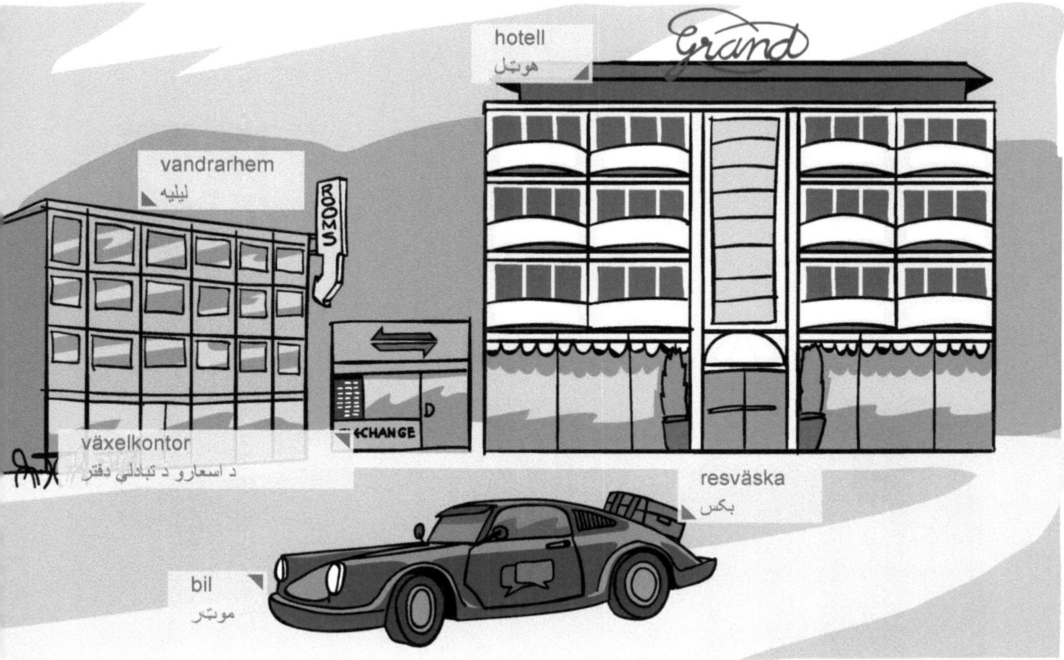

hotell
هوټل
vandrarhem
لیلیه
växelkontor
د اسعارو د تبادلې دفتر
resväska
بکس
bil
موټر

språk
ژبه

ja / nej
هو/نه

Okay
سمه ده

hej
سلام

översättare
ژباړونکی

Tack
مننه

hur mycket kostar…?
....
څومره دي...؟

jag förstår inte
....
زه نه پوهیږم

problem
....
ستونزه

God kväll!
....
ماښام مو پخیر!

God morgon!
....
سهار په خیر!

God natt!
....
شپه په خیر!

hejdå
....
په مخه مو ښه

riktning
....
لارښود

bagage
....
سامان

väska
....
بیک

ryggsäck
....
شاتنی بکس

gäst
....
میلمه

rum
....
خونه

sovsäck
....
د خوب کڅوړه

tält
....
خیمه

turistinformation

د توریزم معلومات

strand

ساحل

kreditkort

کریډیټ کارت

frukost

ناری

lunch

د غرمي خواړه

middag

د شپې خواړه

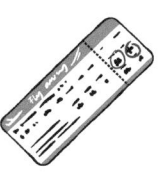

biljett

ټیکټ

hiss

لفټ

frimärke

مهر

gräns

پوله

tull

ګمرک

ambassad

سفارت

visum

ویزه

pass

پاسپورټ

transport

ټرانسپورټ

fartyg
بیړی
flygplan
الوتکه
brandbil
د اور ماشین
lastbil
ټرک
buss
بس
motorbåt
موټرکښتی
bil
موټر
cykel
بایک

färja

کښتی

båt

کښتی

motorcykel

موټرسایکل

polisbil

د پولیسو موټر

racerbil

د ریس موټر

hyrbil

کرایی موټر

bilpool
....
د کرایه موټرې

bärgningsbil
....
جرثقیل لرونکی ټرک

sopbil
....
ریفیوز ټرک

motor
....
موټر

bränsle
....
سونګ توکي

bensinstation
....
پټرول سټیشن

vägmärke
....
ترافیکي نښه

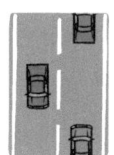

trafik
....
ترافیک

bilkö
....
جام ترافیک

parkeringsplats
....
د موټرو تمځای

tågstation
....
د ریل سټیشن

räls
....
پاټکي

tåg
....
ریل

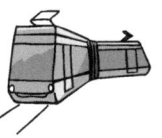

spårvagn
....
ټرام

vagn
....
واګون

helikopter

چورلکه

flygplats

هوايي ډګر

torn

برج

passagerare

مسافر

container

کانټينر

kartong

کارتون

vagn

کارټ

korg

ټوکرى

starta / landa

الوتنه کول/کښېناستل

stad

ښار

by

کلی

centrum

د ښار مرکز

hus

کور

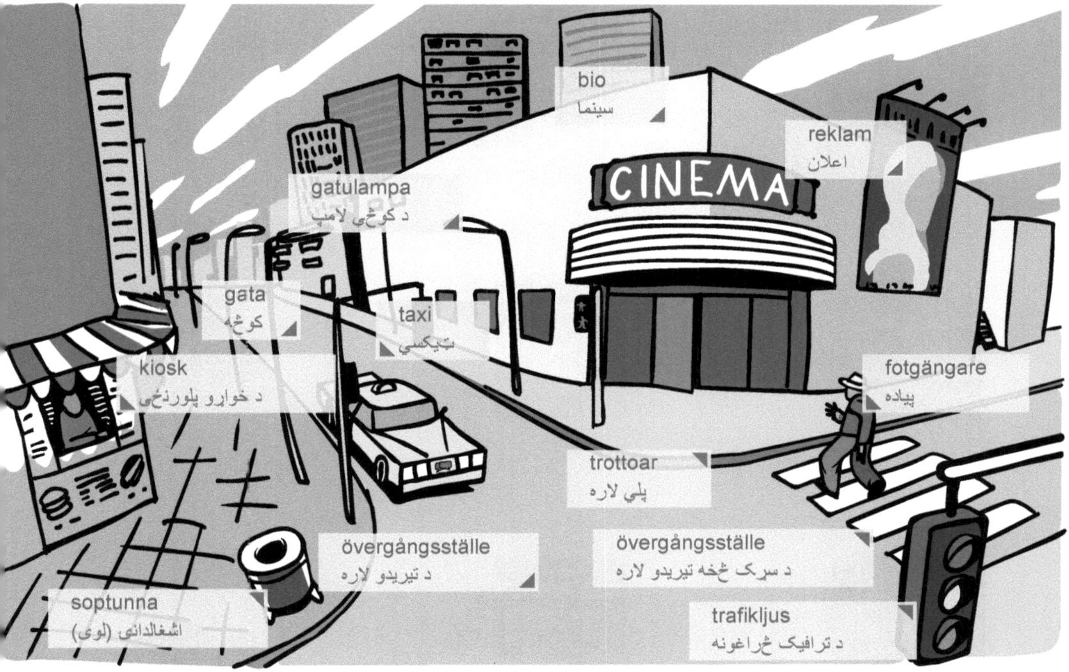
bio
سینما
reklam
اعلان
gatulampa
د کوڅې لامپ
gata
کوڅه
taxi
ټیکسي
kiosk
د خوارو پلورنځی
fotgängare
پیاده
trottoar
پلي لاره
övergångsställe
د تیریدو لاره
övergångsställe
د سړک څخه تیریدو لاره
soptunna
اشغالدانی (لوی)
trafikljus
د ترافیک څراغونه

stuga

کوډله

lägenhet

اپارتمان

tågstation

د ریل سټیشن

stadshus

ټاون هال

MUSEUM

museum

میوزیم

skola

ښوونځی

universitet

پوهنتون

bank

بانک

sjukhus

روغتون

hotell

هوټل

apotek

درملتون

kontor

دفتر

bokhandel

کتاب پلورنځی

affär

پلورنځی

blomsterbutik

د ګلانو پلورنځی

stormarknad

لوی پلورنځی

marknad

مارکیټ

varuhus

د ډیپارټمنټ سټور

fiskhandlare

کب پلورنځی

köpcentrum

د پلور مرکز

hamn

لنګرتون

park

پارک

bänk

بینچ

brygga

پل

trappa

زینه

tunnelbana

د ځمکي لاندې

tunnel

تونل

busshållplats

بس تمځای

bar

بار

restaurang

ریسټورانټ

brevlåda

پوست بکس

gatuskylt

د کوڅې نښه

parkeringsautomat

د پارک کولو میټر

zoo

ژوبڼ

simbassäng

د لامبو حوض

moské

مسجد

bondgård

كرونده

förorening

ناپاكي

kyrkogård

هديره

kyrka

چرچ

lekplats

د لوبو ډګر

tempel

معبد/كليسا

landskap

منظره

löv
پاڼه

vägskylt
د لارښوونې نښه

väg
لاره

äng
چمن

sten
کانۍ

liftare
هیکر

flod
سيند

träd
ونه

gräs
واښه

blomma
ګل

dal

دره

kulle

غونډی

sjö

ناور

skog

ځنګل

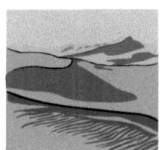

öken

دشته

vulkan

اورشيندی

slott

کلا

regnbåge

رنګين کمان

svamp

مرخيړي

palm

پلم ونه

mygga

ماشي

fluga

الوتل

myra

ميږی

bi

مچی

spindel

غوندل/جولا

skalbagge

گونگټ

groda

چونگښه

ekorre

نولی

igelkott

زیږکی

hare

سوی

uggla

گونگ

fågel

مرغی

svan

قازه

vildsvin

نرخوگ

rådjur

هوسی

älg

گاوزه

damm

بند

vindkraftverk

بادي توربين

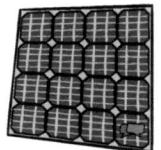

solcellspanel

سولر تختي

klimat

اقليم

restaurang

ریسټورانټ

servitör
پېشخدمت
meny
مینو
stol
soppa
سوپ
pizza
پیزا
bestick
بڼاخۍ، چاقو، کاشوغه
bordsduk
د میز ټوټه

förrätt
ستارټر

huvudrätt
اصلي خواړه

dessert
شیرني

drycker
څښاک

mat
خواړه

flaska
بوتل

snabbmat
فاسټ فوډ

street food
د کوڅې خواړه

tekanna
چای جوش

sockerskål
قندانی

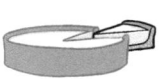

portion
برخه

espressomaskin
اسپرسو مشین

barnstol
لوړه چوکی

räkning
رسید

bricka
مجمه

kniv
چاکو

gaffel
پنجه

sked
قاشق

tesked
چای قاشق

servett
سورویت

glas
ګلاس

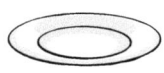

tallrik

....

پلیټ

sopptallrik

....

د سوپ پلیټ

tefat

....

نالبکی

sås

....

ساس

saltkar

....

مالګه شیندونکی

pepparkvarn

....

د مرچ ټکولو لوښی

vinäger

....

سرکه

olja

....

غوړي

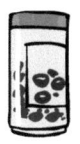

kryddor

....

مساله

ketchup

....

کچ اپ

senap

....

شرشم

majonnäs

....

چکه

stormarknad
لوی پلورنځی

specialerbjudande
kund
پیرودونکی
FOR
mejeriprodukter
لبنیات
frukt
میوه
varukorg

charkuteri
قصابي

bageri
نانوایی

väga
وزن کول

grönsaker
سبزیجات

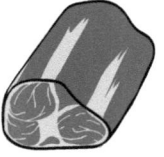

kött
غوښه

frysta livsmedel
کنګل خواړه

pålägg

یخه غوښه

konserver

کنسروا خواړه

tvättmedel

د مینځلو پوډر

godis

شیریني

hushållsprodukter

کورني تولیدات

rengöringsmedel

د پاکولو محصولات

försäljare

د پلور فرد

kassa

د نغدي راجستر

kassör

صراف

inköpslista

د پیرود لیست

öppettider

کاري ساعتونه

plånbok

بټوه

kreditkort

کریډیټ کارت

väska

کڅوړه

plastpåse

پلاستیک کڅوړه

drycker
څښاک

vatten

اوبه

juice

جوس

mjölk

شیده

cola

کوک

vin

واین

öl

بیر

alkohol

الکول

kakao

ککاو

te

چای

kaffe

کافي

espresso

اسپرسو

cappuccino

کپچینو

banan

....

کیله

äpple

....

مڼه

apelsin

....

نارنج

melon

....

هندوانه

citron

....

لیمو

morot

....

ګازره

vitlök

....

هوږه

bambu

....

بانکس

lök

....

پیاز

svamp

....

مرخیړي

nötter

....

چغزی

nudlar

....

آش

spaghetti

سپيګټي

ris

وريجي

sallad

سلاد

pommes frites

چپس

stekt potatis

سره کړي کچالو

pizza

پيزا

hamburgare

همبرګر

smörgås

سانډويچ

schnitzel

کټره

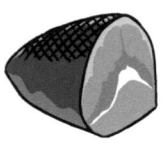

skinka

د پتون غوښه

salami

سلمي

korv

ساسچ

kyckling

چرګ

stek

روسټ

fisk

کب

havregryn

د وربشي شيرني

müsli

موسلي

cornflakes

د جوار پلی

mjöl

اوړه

croissant

کروسانت

fralla

د ډوډی رول

bröd

ډوډی

rostat bröd

ټوسټ

kex

بسکیټ

smör

کوچ

kvarg

چکه

kaka

کیک

ägg

هگی

stekt ägg

پښي هگی

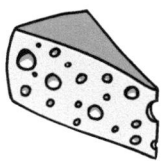

ost

پنیر

glass

آیس کریم

socker

بوره

honung

شهد

sylt

مربا

nougatkräm

نوګات کریم

curry

کورکمان

lantgård
د کروندي خونه

ladugård
غوجل

halmbal
د بوسو گیدی

fält
خمکه

häst
اس

trailer
لاس گاډی

föl
کوچنی اس

traktor
تریکتر

åsna
خر

lamm
ورۍ

får
پسه

get

وزه

ko

غوا

kalv

خوسکی

gris

خوگ

griskulting

د خوک بچی

tjur

غویی

gås

بته

anka

هیلی

kyckling

چرګوړی

höna

چرګه

tupp

بانګي

råtta

سارای موږک

katt

پیشک

mus

موږک

oxe

غویی

hund

سپی

hundkoja

د سپي خونه

trädgårdsslang

د باغ هوز

vattenkanna

د اوبو لوخی

lie

لور (داس)

plog

یوی

skära

....

لور

hacka

....

رمبی

högaffel

....

ښاخی

yxa

....

تبر

skottkärra

....

کراچی

tråg

....

ناوه

mjölkflaska

....

د شیدو لوخی

säck

....

جوال

staket

....

کټاره

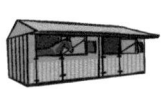

stall

....

مضبوط

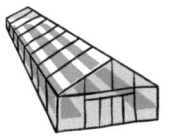

växthus

....

شنه خونه

jord

....

خاوره

säd

....

تخم

gödsel

....

سره/کود

skördetröska

....

کډ ریبونکی ماشین

skörda

زیرمه کول

skörd

درمند

jams

خوارږه کچالو

vete

غنم

soja

سویا

potatis

کچالو

majs

جوار

raps

نباتي تخم

fruktträd

د میوې ونه

maniok

مانیوک

spannmål

غله

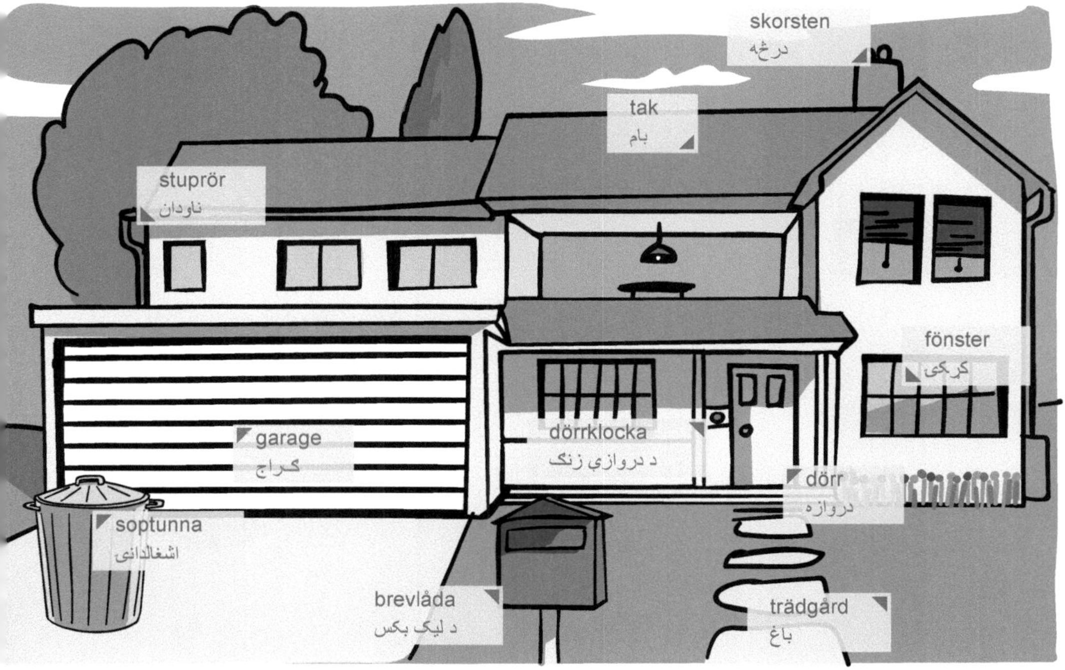

skorsten
درځه

tak
بام

stuprör
ناودان

fönster
کرکۍ

garage
ګراج

dörrklocka
د دروازي زنګ

dörr
دروازه

soptunna
اشغالدانئ

brevlåda
د ليک بکس

trädgård
باغ

vardagsrum

د اوسیدو خونه

badrum

حمام

kök

پخلنځی

sovrum

د ویده کیدو خونه

barnrum

د ماشوم خونه

matsal

د خوارو خونه

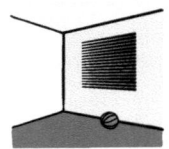

golv

فرش

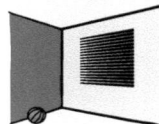

vägg

دیوال

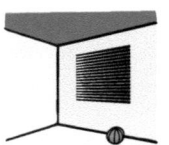

tak

چت

källare

زیرخانه

bastu

سونا

balkong

بالکوني

terrass

ټراس

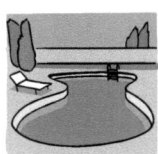

bassäng

حوض

gräsklippare

د چمن وهلو ماشین

lakan

شیټ

överkast

روجایی

säng

تخت

kvast

جارو

hink

بوکه

strömbrytare

سویچ

vardagsrum

د اوسیدو خونه

tapet
والپیپر
bild
عکس
lampa
لامپ
hylla
شیلف
skåp
الماری
TV
تلویزیون
eldstad
نغری
blomma
ګل
kudde
بالښت
soffa
صوفه
vas
ګلدانی
fjärrkontroll
ریموټ کنټرول

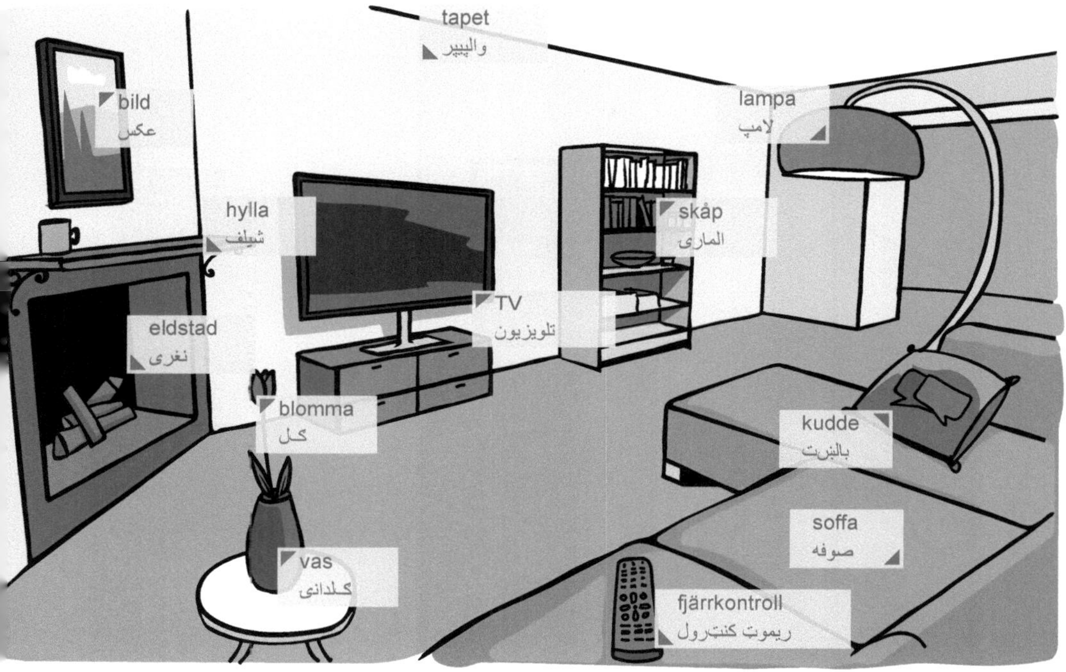

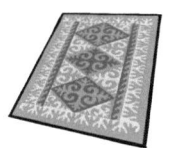

matta
غالی

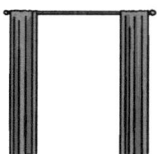

gardin
پرده

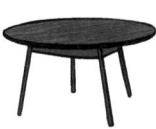

bord
میز

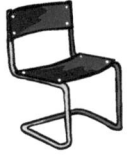

stol
چوکی

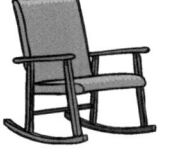

gungstol
تاویدونکی چوکی

fåtölj
بازو لرونکی چوکی

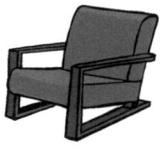

bok

کتاب

filt

کمپل

dekoration

ډیکوریشن

vedträ

د اور لرګي

film

فلم

stereoanläggning

هاي‌فای

nyckel

کلي

dagstidning

ورځپاڼه

målning

نقاشي

poster

پوسټر

radio

راډيو

anteckningsbok

کتابچه

dammsugare

واکیوم جارو

kaktus

کاکتوس

stearinljus

شمع

kök
پخلنځی

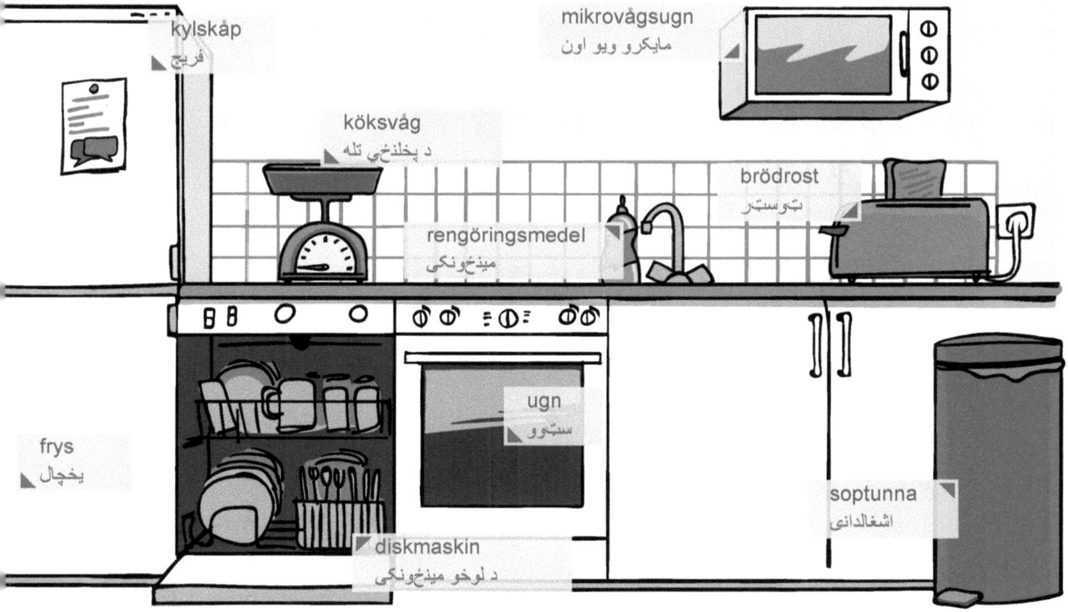

kylskåp
فریج
mikrovågsugn
مایکرو ویو اون
köksvåg
د پخلنځي تله
brödrost
ټوستر
rengöringsmedel
مینځونکی
ugn
سټوو
frys
یخچال
soptunna
اشغالدانی
diskmaskin
د لوخو مینځونکی

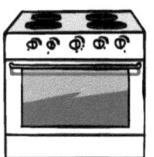

spis

دیگ بخار

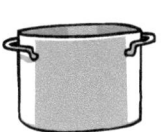

kastrull

لوخی

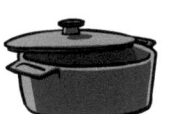

järngryta

چدني لوخی

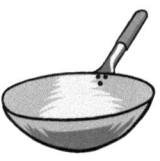

wok / kadai

ووک

stekpanna

د تلي په

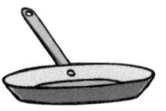

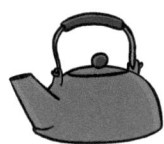

vattenkokare

چای جوش

ångkokare

د بخار دیګ

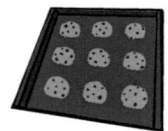

bakplåt

پتنوس

porslin

لوخي

mugg

مګ

skål

کاسه

ätpinnar

د رانیولو اوزار

soppslev

څمڅۍ

stekspade

کفګیر

visp

پاکونکی

durkslag

صافي

sil

غلبیل

rivjärn

ګریټر

mortel

اونګ

grill

بار بي کیو

brasa

خلاص اور

skärbräda

تخته

kavel

هوارونکی

korkskruv

کارک سکریو

burk

ټیم

burköppnare

د ټیم خلاصونکی

grytlapp

د لوخي ټوټه

vask

ظرف شوی

borste

برس

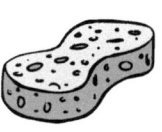

svamp

سپنج

mixer

بلینډر

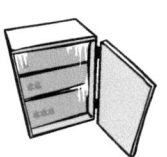

frys

ژور یخچال

nappflaska

د ماشوم بوتل

kran

نل

badrum

حمام

värme
handduk
جان پاک
bubbelbad
dusch
شاور
duschdraperi
د شاور پرده

toalett

تشناب

låg toalett

فرشي کموډ

bidet

کموډ

pissoar

د متيازو ځای

toalettpapper

تشناب کاغذ

toalettborste

د تشناب برس

tandborste
....
د غاښونو برس

tandkräm
....
د غاښونو کریم

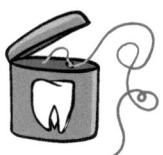

tandtråd
....
د غاښونو نخ

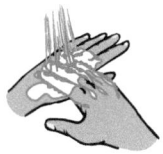

tvätta
....
مينځل

handdusch
....
لاسي شاور

intimdusch
....
دوش

handfat
....
خانک

ryggborste
....
د شا برس

tvål
....
صابون

duschgel
....
د شاور ژل

schampo
....
شامپو

trasa
....
فلانل جامه

avlopp
....
وچول

crème
....
کریم

deodorant
....
سپری

spegel

آینه

handspegel

لاسي آینه

rakhyvel

ریزر

raklödder

د خریلو فوم

rakvatten

د خریلو وروسته

kam

ګمنځ

borste

برس

hårtork

د ویښتانو وچونکی

hårspray

د ویښتانو سپری

smink

میک اپ

läppstift

لیپ سټیک

nagellack

د نوکانو پالش

bomullsvadd

کاټن وړی

nagelsax

ناخن ګیر

parfym

عطر

necessär

د مينځلو کڅوړه

pall

سټول

våg

د وزن کولو تله

badrock

د حمام پوښاک

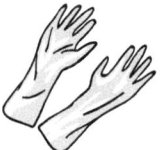

gummihandskar

د ربړ دستکش

tampong

ټامپون

binda

صحيي جان پاک

kemisk toalett

کيميکل تشناب

barnrum

د ماشوم خونه

د الارم ساعت
gosedjur
د لوبو وسایل
leksaksbil
د ناڅکي موټر
dockhus
present
skallra
ریتل

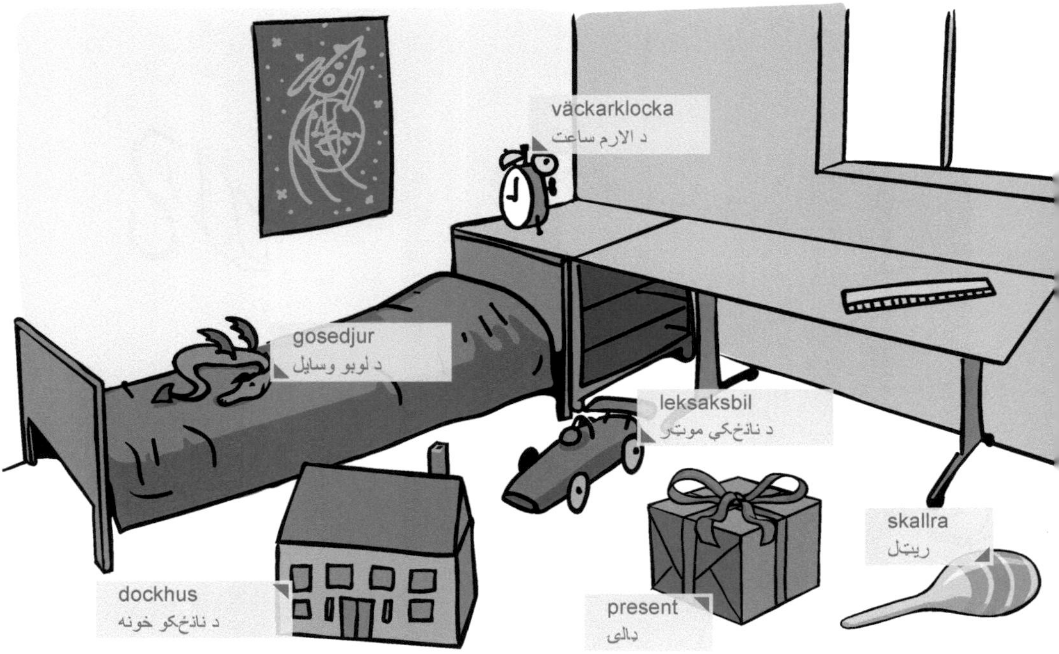

ballong

بالون

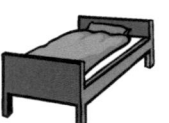

säng

تخت

barnvagn

کالسکه

kortlek

د لوبو ورقي

pussel

جیګسا

serietidning

مسخره

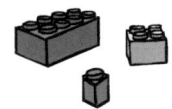

legobitar

لیګو بریک

klossar

د ناځکو بلاک

actionfigur

د اکشن فیګور

sparkdräkt

د ماشوم پوښاک

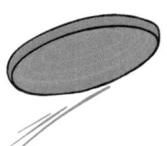

frisbee

فریزبي

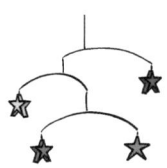

mobil

موبایل

brädspel

بورډ لوبه

tärning

تاس

modelljärnväg

ماډل ریل سیټ

napp

ګونګشی

party

پارټي

bilderbok

د عکسونو البوم

boll

بال

docka

ناځکه

spela

لوبیدل

sandlåda

....

د شګو کنده

gunga

....

سوینګ

leksaker

....

نانځکي

spelkonsol

....

د ویډیو لوبو کنسول

trehjuling

....

ټرای سایکل

nalle

....

ګوډکه

garderob

....

د کالو الماری

kläder

پوښاک

sockar

....

جرابې

strumpor

....

لوړې جرابې

tights

....

ټایټس

halsduk
زروکی

paraply

t-shirt

bälte
کمربند

stövlar

sneakers
سنیکر

tofflor
سلیپر

sandaler

سینډل

skor

بوټان

gummistövlar

د ربړ بوټان

underbyxor

زيرنيكري

BH

سينه بند

linne

واسکټ

body

بادي

byxor

پتلون

jeans

جينز

kjol

لمن

blus

بلاوز

skjorta

شرټ

pullover

بنيان

sweater

سويټر

blazer

بليزر

jacka

جاکټ

kappa

کوټ

regnjacka

د باران کوټ

dräkt

پوښاک

klänning

کالي

bröllopsklänning

د واده پوښاک

kostym
....
دریشي

nattlinne
....
د شپې پوښاک

pyjamas
....
پاجامه

sari
....
ساړي

slöja
....
لوپټه

turban
....
پټکی

burka
....
برقه

kaftan
....
کفتن

abaya
....
عبا

baddräkt
....
د لامبو پوښاک

badbyxor
....
نیکر

shorts
....
شارټ

träningsoverall
....
د ځغاستې پوښاک

förkläde
....
پیش بند

handskar
....
دستکش

knapp

بټن

glasögon

عینک

armband

لاس بند

halsband

غاړه کی

ring

ګوتمه

örhänge

غوږوالی

mössa

خولی

galge

کوټ بند

hatt

خولی

slips

ټایی

dragkedja

ځنځیر

hjälm

هیلمیټ

hängslen

تړونکی

skoluniform

د ښوونځي یونیفارم

uniform

یونیفارم

haklapp

بيب

napp

گونگشی

blöja

نيپي

kontor

دفتر

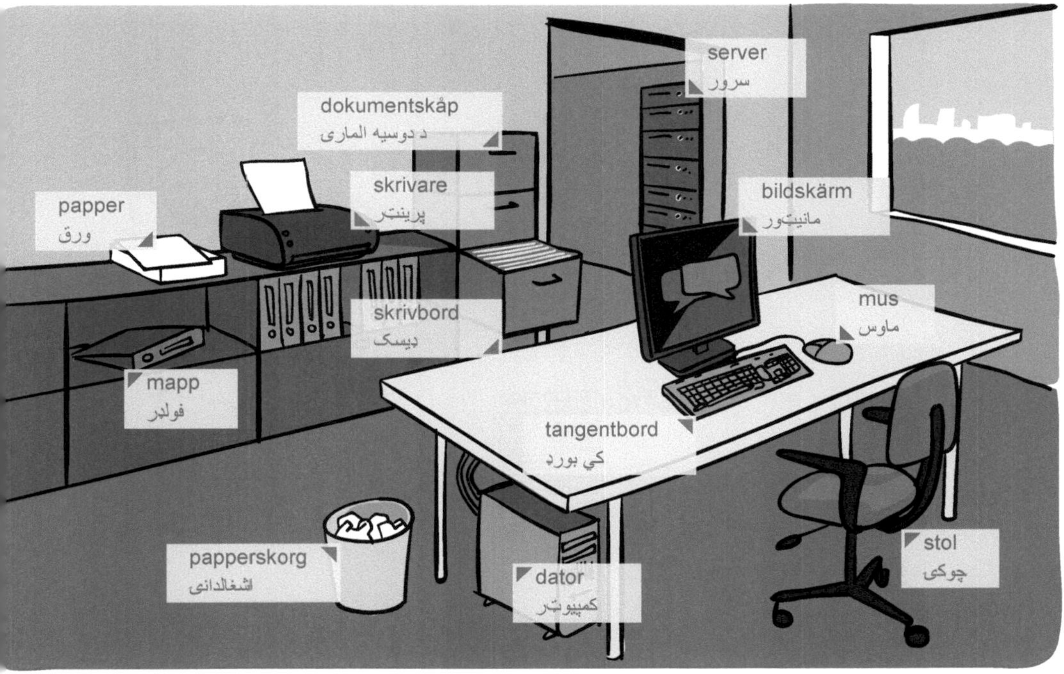

papper
ورق

dokumentskåp
د دوسیه الماری

skrivare
پرينتر

skrivbord
ډيسک

mapp
فولدر

server
سرور

bildskärm
مانيټور

mus
ماوس

tangentbord
کي بورد

stol
چوکی

papperskorg
اشغالدانی

dator
کمپيوتر

kaffemugg

د کافي پياله

miniräknare

کالکوليتر

internet

انټرنيټ

bärbar dator

لپ ټاپ

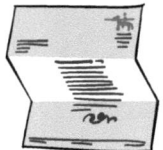

brev

لیک

meddelande

پیغام

mobiltelefon

موبایل

nätverk

نیټورک

kopieringsapparat

فوټوکاپیر

programvara

سافټویر

telefon

تلیفون

vägguttag

پلک ساکټ

fax

فکس مشین

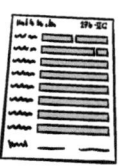

blankett

فارم

dokument

سند

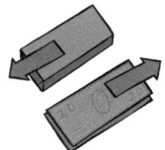

köpa

پېرل

betala

تادیه کول

handla

سوداګري کول

pengar

پیسې

dollar

ډالر

euro

یورو

yen

ین

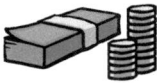

rubel

ربل

schweizisk franc

سویسي فرانک

renminbi yan

رینمینبي یوان

rupie

روپۍ

bankomat

د نغدي پیسو ځای

växelkontor
....
د اسعارو د تبادلي دفتر

guld
....
سره زر

silver
....
سپین زر

olja
....
تیل

energi
....
انرژي

pris
....
نرخ

kontrakt
....
قرارداد

skatt
....
مالیه

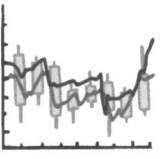

aktie
....
اسهام

arbeta
....
کار کول

anställd
....
کارمند

arbetsgivare
....
کار ګومارونکی

fabrik
....
فابریکه

affär
....
پلورنځی

polis
د پوليسو افسر

brandman
د اطفايه غرى

kock
آشپز

läkare
ډاکتر

pilot
پيلوټ

trädgårdsmästare

باغوان

snickare

نجار

sömmerska

خياط

domare

قاضي

kemist

کيميا پوه

skådespelare

د فلم لوبغارى

busschaufför

د بس ډرايور

taxichaufför

د ټيکسي ډرايور

fiskare

کب نيونکی

städerska

خدمه

takläggare

بام جوړونکی

servitör

پېشخدمت

jägare

ښکاري

målare

نقاش

bagare

نانوا

elektriker

د برښنا کارکونکی

byggarbetare

تعمير جوړونکی

ingenjör

انجنير

slaktare

قصاب

rörmokare

نلدوان

brevbärare

پوست رسونکی

soldat

سرتیری

arkitekt

مهندس

kassör

صراف

florist

مالیار

frisör

نایی

konduktör

كلينډر

mekaniker

میکانیک

kapten

کپتان

tandläkare

د غاښونو ډاکټر

vetenskapsman

ساینس پوه

rabbin

ښاغلی

imam

امام

munk

مذهبي نفر

präst

پادري

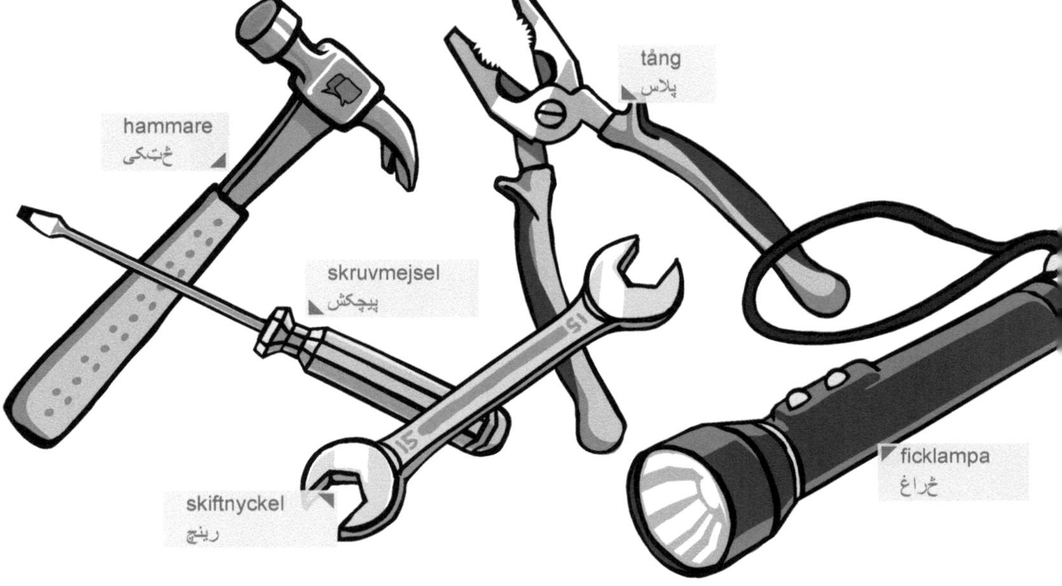

hammare
څټکی

tång
پلاس

skruvmejsel
پیچکش

skiftnyckel
رینچ

ficklampa
څراغ

grävmaskin

کنستونکی

verktygslåda

د لوازمو بکس

stege

زینه

såg

اره

spik

میخونه

borr

برمه

reparera

ترمیم کول

spade

بیل

Helvete!

لعنت!

sopskyffel

خاک انداز

färgburk

مشواڼی

skruvar

پیچونه

musikinstrument

د میوزیک آلات

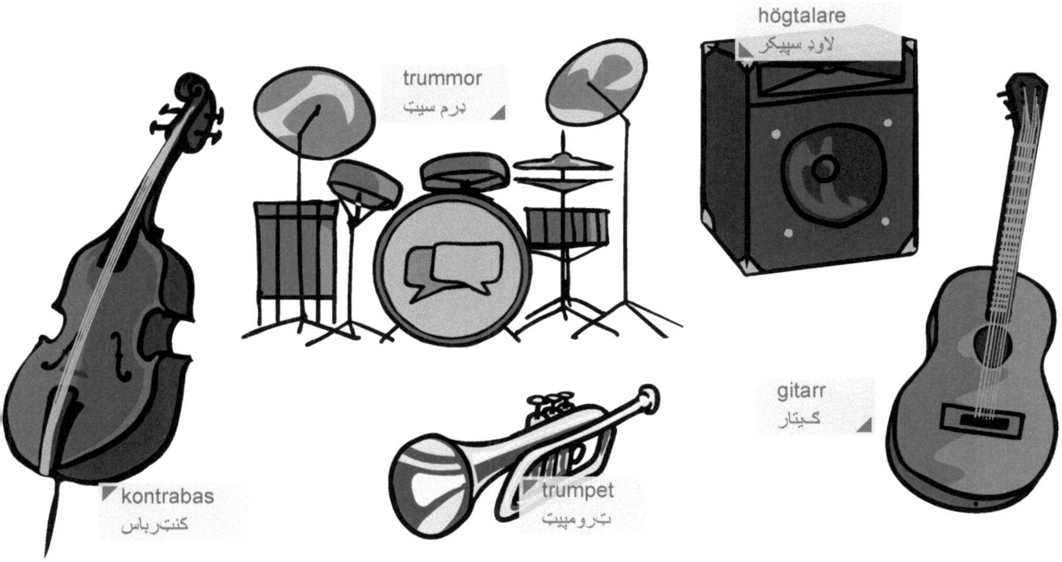

högtalare
لاوډ سپیکر
trummor
ډرم سیټ
gitarr
ګیتار
kontrabas
کنټرباس
trumpet
ټرومپیټ

piano

پیانو

violin

وایلن

bas

باس

timpani

نغاره

trumma

ډرمونه

keyboard

کي بورډ

saxofon

سیکسافون

flöjt

شپیلی

mikrofon

مایکروفون

ingång
ننوتو لاره

tiger
پړانګ

bur
پنجره

zebra
ګوره خر

djurfoder
د ژوبيو خواړه

panda
پانډا

djur
ژوی

elefant
هاتي

känguru
کنګرو

noshörning
د او بو اسپ

gorilla
ګوريلا

björn
ايږه

kamel

اوښ

struts

شترمرغ

lejon

زمری

apa

بیزو

flamingo

غزی

papegoja

طوطي

isbjörn

قطبي ایږه

pingvin

پینګوین

haj

شارک

påfågel

طاوس

orm

مار

krokodil

تمساح

djurskötare

ژوبڼ ساتونکی

säl

سیل

jaguar

جګوار

ponny

يابو

leopard

پړانګ

flodhäst

هيپو

giraff

زرافه

örn

باز

vildsvin

نرخوګ

fisk

کب

sköldpadda

شمشتی

valross

سمندري نولی

räv

ګيدړه

gazell

هوسی

sport
ورزش

amerikansk fotboll
امریکایی فټبال
cykling
سایکل ځغلول
tennis
basket
باسکیټبال
simning
لامبو
boxning
باکسینګ
ishockey
د کنګل هاکي

fotboll

فټبال

badminton

کسیزه

friidrott

د ځغاستي لوبي

handboll

د هندبال

skidåkning

سکي

polo

پولو

skriva

لیکل

rita

کښل

visa

ښودل

skjuta

ټیله کول

ge

ورکول

ta

اخیستل

hagel

درلودل

göra

کول

vara

پاییدل

stå

ودریدل

springa

منډې وهل

dra

راکښل

kasta

ګوزارل

falla

لویدل

ligga

څملاستل

vänta

انتظار کول

bära

وړل

sitta

کښیناستل

klä på

پوښاک اغوستل

sova

ویده کیدل

vakna

پاڅیدل

se på

....

کتل

gråta

....

ژړل

smeka

....

برید کول

kamma

....

ګمنځ کول

prata

....

خبرې کول

förstå

....

پوهیدل

fråga

....

غوښتل

höra

....

اوریدل

dricka

....

څښل

äta

....

خوړل

städa

....

پاکول

älska

....

مینه کول

laga mat

....

پخلی کول

köra

....

موټر چلول

flyga

....

الوتل

segla
....
بیری چلول

räkna
....
حساب

läsa
....
لوستل

lära sig
....
زده کول

arbeta
....
کار کول

gifta sig
....
واده کول

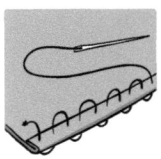

sy
....
ګنډل

borsta tänderna
....
د غاښونو برس کول

döda
....
وژل

röka
....
سګرټ څښل

skicka
....
لیږل

mormor/farmor
نیا

morfar/farfar
نیکه

pappa
پلار

mamma
مور

baby
ماشوم

dotter
لور

son
زوی

gäst

میلمه

moster/faster

ترور

farbror/morbror

کاکا/ماما

bror

ورور

syster

خور

kropp

بدن

panna
تندی
öga
ansikte
مخ
haka
زنه
finger
ګوته
hand
لاس
skuldra
اوږه
bröst
سینه
arm
ben
پښه

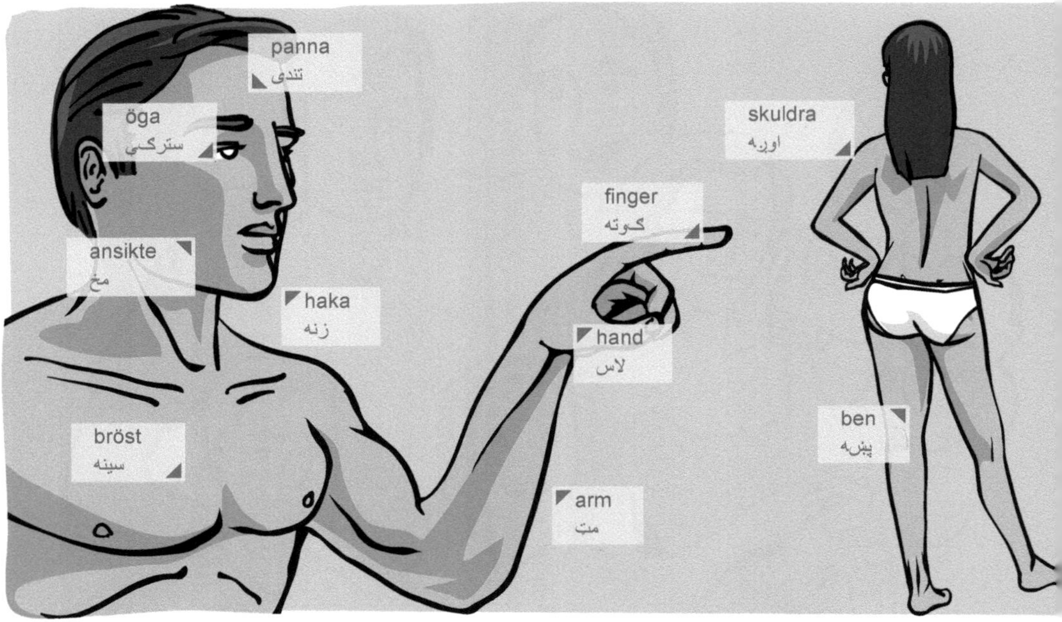

baby

ماشوم

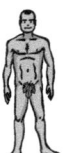

man

سړی

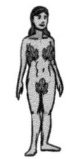

kvinna

ښځه

flicka

انجلۍ

pojke

هلک

huvud

سر

rygg

شا

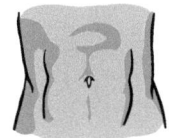

mage

خیټه

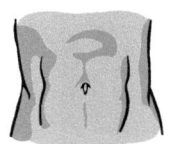

navel

نوم

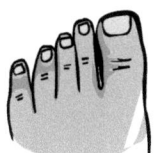

tå

د پښې ګوته

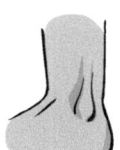

häl

پونده

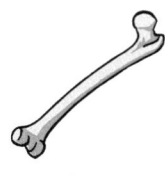

ben

هډوکی

höft

کوناټی

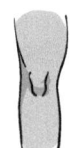

knä

زنګون

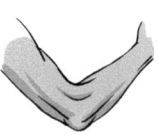

armbåge

څنګل

näsa

پوزه

stjärt

لاندي برخه

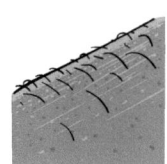

hud

پوټکی

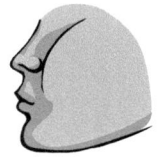

kind

غومبوری

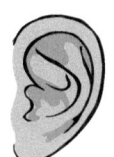

öra

غوږ

läpp

شونډه

mun

خوله

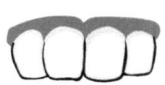

tand

غاښ

tunga

ژبه

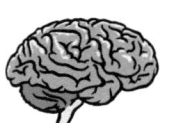

hjärna

مغز

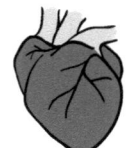

hjärta

زړه

muskel

عضله

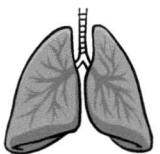

lunga

سږی

lever

ځيګر

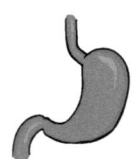

magsäck

معده

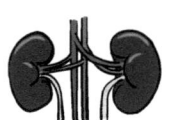

njurar

پښتورګي

sex

جنسي نږدي والی

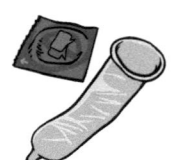

kondom

کاندوم

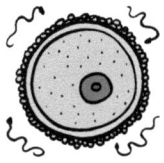

äggcell

تخمه

sperma

مني

graviditet

حمل

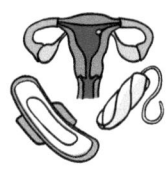

menstruation

حیض

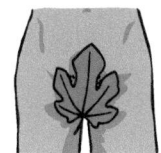

vagina

مهبل

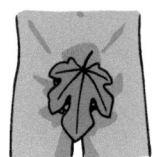

penis

د نارینه تناسلي آله

ögonbryn

وروځی

hår

ویښته

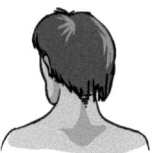

nacke

غاړه

sjukhus

روغتون

ambulans
امبولانس
rullstol
ویل چیر
benbrott
کسر

läkare

ډاکټر

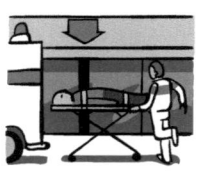

akutmottagning

عاجل خونه

sjuksköterska

رنځورپال

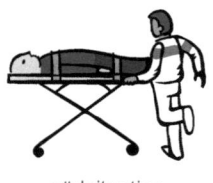

nödsituation

عاجل

medvetslös

بې هوش

smärta

درد

skada

ټپ

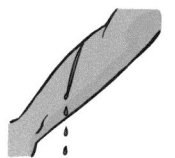

blödning

وینه تویدل

hjärtattack

د زړه حمله

slaganfall

ضرب

allergi

حساسیت

hosta

ټوخی

feber

تبه

influensa

انفلوینزا

diarré

نس ناستی

huvudvärk

سر درد

cancer

سرطان

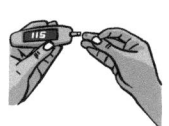

diabetes

شکر

kirurg

جراح

skalpell

سکالپل

operation

عملیات

CT

....

سي.ټي

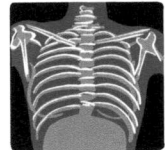

röntgen

....

ایکس ری

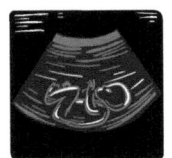

ultraljud

....

الټراساونډ

ansiktsmask

....

د مخ ماسک

sjukdom

....

ناروغي

väntsal

....

انتظار خونه

krycka

....

امسآ

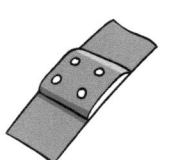

plåster

....

پلستر

bandage

....

بنداژ

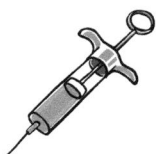

injektion

....

تزريق

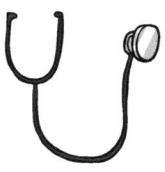

stetoskop

....

ستاتسکوپ

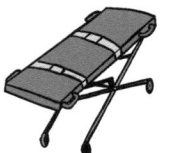

bår

....

تسکيره

termometer

....

کلينکي ترماميټر

födsel

....

زيږون

övervikt

....

زيات وزن

hörapparat

د اوریدو مرسته

desinfektionsmedel

د عفونیت ځخه پاکونکي مواد

infektion

عفونیت

virus

ویروس

HIV / AIDS

ایچ.آی.وی/ایډز

medicin

درمل

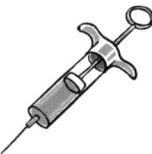

vaccination

واکسین

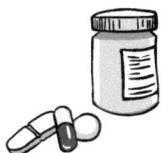

tabletter

ټابلیټس

p-piller

ګولی

nödsamtal

عاجل تلیفون

blodtrycksmätare

د ويني د فشار څارونکی

sjuk / frisk

ناروغ/روغ

nödsituation

عاجل

Hjälp!

مرسته!

alarm

الارم

överfall

یرغل

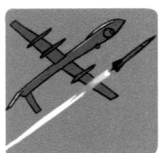

misshandel

برید

fara

خطر

nödutgång

عاجل لاره

Det brinner!

اور!

brandsläckare

د اور وژونکی

olycka

پیښه

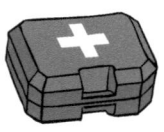

förbandslåda

د لومړی مرستې لوازم

SOS

ایس.او.ایس

polis

پولیس

Jorden
ځمکه

Europa

اروپا

Nordamerika

شمالي امریکا

Sydamerika

سهیلي امریکا

Afrika

افریقا

Asien

آسیا

Australien

آسټریلیا

Atlanten

اتلانتیک

Stilla Havet

پاسیفیک

Indiska Oceanen

د هند بحر

Antarktiska Oceanen

جنوبي منجمد بحر

Arktiska Oceanen

د شمال قطب بحر

Nordpol

شمالي قطب

Sydpol

سهيلي قطب

Antarktis

انټارکټيکا

Jorden

ځمکه

land

ځمکه

hav

بحر

ö

ټاپو

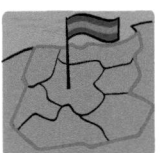

nation

ملت

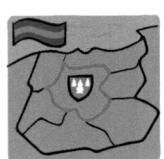

stat

دولت

klocka

ساعت

urtavla

....

د مخي ساعت

timvisare

....

د ساعت ستنه

minutvisare

....

د دقيقي ستنه

sekundvisare

....

د ثانيی ستنه

Vad är klockan?

....

څه وخت دی؟

dag

....

ورځ

tid

....

وخت

nu

....

اوس

digital klocka

....

ډیجیټل ساعت

minut

....

دقيقه

timme

....

ساعت

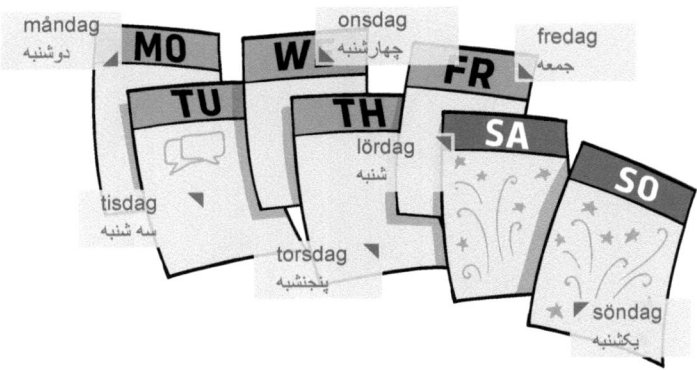

vecka

اونۍ

måndag
دوشنبه
MO
tisdag
سه شنبه
TU
onsdag
چهارشنبه
W
torsdag
پنجشنبه
TH
fredag
جمعه
FR
lördag
شنبه
SA
söndag
یکشنبه
SO

2
1

igår

پرون

2

idag

نن

3

imorgon

سبا

morgon

سهار

middag

غرمه

kväll

ماښام

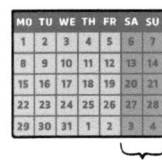

MO TU WE TH FR SA SU
1 2 3 4 5 6 7
8 9 10 11 12 13 14
15 16 17 18 19 20 21
22 23 24 25 26 27 28
29 30 31 1 2 3 4

vardagar

کاري ورځې

MO TU WE TH FR SA SU
1 2 3 4 5 6 7
8 9 10 11 12 13 14
15 16 17 18 19 20 21
22 23 24 25 26 27 28
29 30 31 1 2 3 4

helg

د اونۍ پای

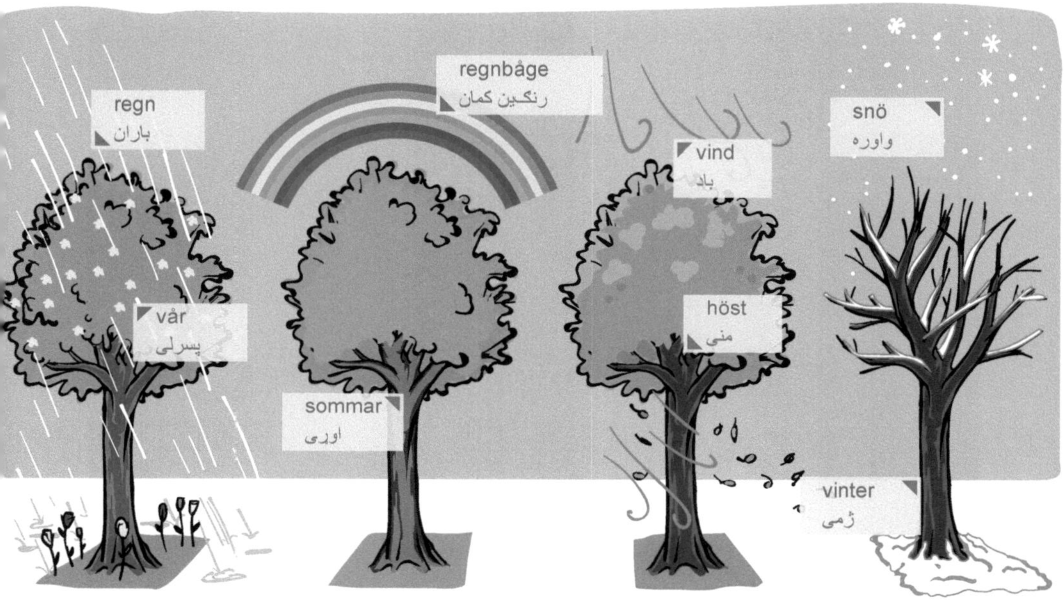

regnbåge
رنګين كمان
regn
باران
vind
باد
snö
واوره
vår
پسرلی
höst
منی
sommar
اوړی
vinter
ژمی

4.APRIL 11°
5.APRIL 4°
6.APRIL 13°
7.APRIL 8°
8.APRIL 10°

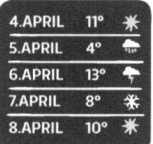

väderprognos
د موسم وړاندوينه

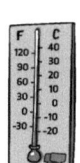

F C
120 40
90 30
60 20
30 10
0 0
-30 -10
-20

termometer
ترموميټر

solsken
د لمر وړانګې

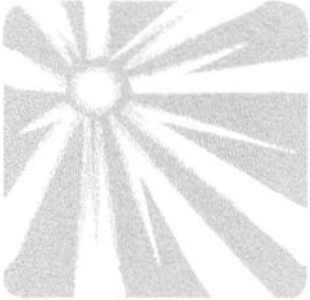

moln
وريځ

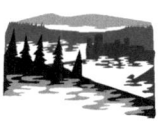

dimma
لړه

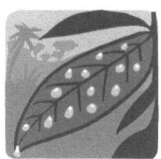

luftfuktighet
رطوبت

blixt

رڼا

åska

تندر

storm

توفان

hagel

ږلی وریدل

monsun

مون سون باران

översvämning

سیلاب

is

یخ

januari

جنوري

februari

فبروري

mars

مارچ

april

اپریل

maj

می

juni

جون

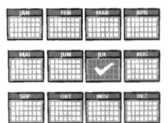

juli

جولای

augusti

اگست

september

سپتمبر

oktober

اکتوبر

november

نومبر

december

دسمبر

former

شکلونه

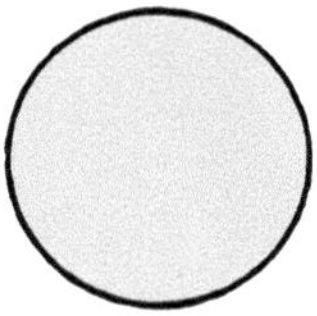

cirkel

دايره

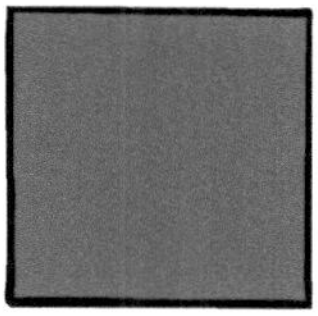

kvadrat

مربع

rektangel

مستطيل

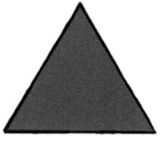

triangel

مثلث

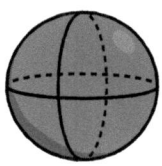

sfär

توپ

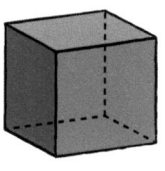

kub

فال

färger
رنګونه

vit

سپین

gul

ژیړ

orange

نارنجي

rosa

ګلابي

röd

سور

lila

ارغواني

blå

نیلي

grön

شین

brun

نسواري

grå

خړ

svart

تور

motsatser
متضاد

mycket / lite

خورا ډیر/خورا لږ

arg / lugn

قار/ارام

vacker / ful

ښکلی/بدشکله

början / slut

پیل/پای

stor / liten

لوی/کوچنی

ljus / mörk

روښانه/تیاره

bror / syster

ورور/خور

ren / smutsig

پاک/ککړ

komplett / ofullständig

مکمل/نامکمل

dag / natt

ورځ/شپه

död / levande

مړ/ژوندی

bred / smal

پراخه/نری

ätlig / oätlig
....
د خوراک وړ/نه خوړل کېدونکی

ond / god
....
بد/مهربان

upphetsad / uttråkad
....
پاريدليا/بي خونده

tjock / smal
....
چاق/وچ

först / sist
....
لومړی/وروستی

vän / fiende
....
ملګری/دښمن

full / tom
....
ډک/تش

hård / mjuk
....
سخت/نرم

tung / lätt
....
دروند/سپک

hunger / törst
....
لوږه/تنده

sjuk / frisk
....
ناروغ/روغ

olaglig / laglig
....
غيرقانوني/قانوني

intelligent / dum
....
هوښيار/ساده

vänster / höger
....
کيڼ/ښي

nära / långt bort
....
نږدې/لرې

ny / begagnad

نوي/زوړ

inget / något

هيڅ/يوڅه

gammal / ung

بډا/ځوان

på / av

چالان/بند

öppen / stängd

خلاص/تړلی

tyst / högljudd

غلي/لوړ غږ

rik / fattig

بډايه/غريب

rätt / fel

صحيح/غلط

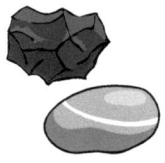

grov / slät

زيږ/ملايم

ledsen / glad

خفه/خوښ

kort / lång

لنډ/اوږد

långsam / snabb

سست/ګړندی

våt / torr

لوند/وچ

varm / sval

ګرم/يخ

krig / fred

جګړه/سوله

siffror

شمیرې

0	1	2
noll	ett	två
صفر	یو	دوه

3	4	5
tre	fyra	fem
درې	څلور	پنځه

6	7	8
sex	sju	åtta
شپږ	اوه	اته

9	10	11
nio	tio	elva
نهه	لس	یولس

12

tolv

دولس

13

tretton

دیارلس

14

fjorton

څوارلس

15

femton

پنځلس

16

sexton

شپاړس

17

sjutton

وولس

18

arton

اتلس

19

nitton

نولس

20

tjugo

شل

100

hundra

سل

1.000

tusen

زر

1.000.000

miljon

میلیون

språk

ژبې

engelska

انګلسي

amerikansk engelska

امريکايی انګلسي

kinesisk mandarin

چينايی مندرين

hindi

هندي

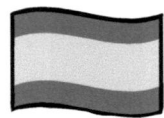

spanska

هسپانوي

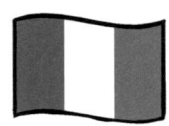

franska

فرانسوي

arabiska

عربي

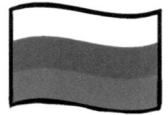

ryska

روسي

portugisiska

پرتګالي

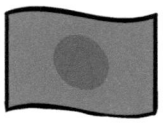

bengali

بنګالي

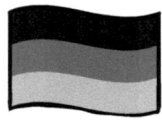

tyska

آلماني

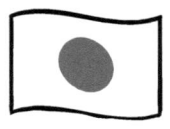

japanska

جاپاني

vem / vad / hur
څوک/څه/څنګه

jag

زه

du

ته

han / hon / den (det)

هغه/دغه/دا

vi

موږ

ni

تاسي

de

دوی/هغوی

vem?

څوک؟

vad?

څه؟

hur?

څنګه؟

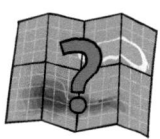

var?

چیری؟

när?

کله؟

namn

نوم

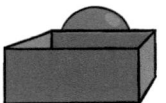

var

چیری

bakom

شاته

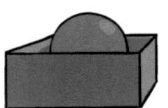

i

په

framför

په مخه کي

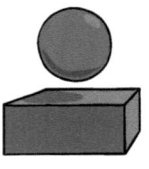

över

باندي

på

په

under

لاندي

bredvid

برسیره پر

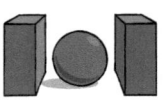

mellan

ترمینځ

plats

ځای